2023 '작가'가 선정한

# 오늘의 시

## ■ 펴내면서

우리는 매체 환경 측면에서 보면 가장 급진적인 과도기를 살아가고 있다. 활자 중심 시대를 영상 주도 시대가 탈환한 것이 엊그제 같은데, 이제는 인공지능으로 대변되는 창작 주체의 실존적 문제가 긴급한 화두가 되고 있으니까 말이다. 그만큼 종이와 활자 중심의 시쓰기는 어느덧 인류의 오랜 역사로 기록되어가는 듯이 보이기까지 한다. 그만큼 시의 유통성과 위상도 많이 좁아지고 낮아졌다. 하지만 여전히 시인들은 이러한 시의 주변화 담론을 돌파하면서, 외곽으로 밀려나버린 현상을 인정하지 않고 기억과 소비라는 역동적 유통 회로를 펼쳐가고 있다. 우리는 여기서 중요한 발의를 하나 할 수 있겠는데, 우리 시대의 시가 바로 그러한 존재론적 폐허 위에서 가장 오롯한 존재 근거를 마련해가고 있다는 점일 것이다.

우리는 2023년 『작가』가 선정한 오늘의 시』를 통해 우리 시단에서 최근 거두어낸 그러한 성취들을 일별함으로써 여전히 심미적으로 펼쳐지고 있는 우리 시대의 균질적이고 지속적인 서정적 흐름을 들여다보고자 한다.

이 책에서 우리가 강렬하게 경험한 서정의 실례들은, 시를 왜 쓰는가, 이 폐허의 땅에 언어는 무엇인가, '시적인 것'의 전위성은 어떻게 확보되는가 하는 등의 연쇄적 질문을 지속적으로 수행해가고 있다. 그때서야 비로소 보편 언어에 대한 복고적 향수에 기반을 둔 것이 아닌, 자신만의 독자적인 언어가 철저하게 주변화된 방식으로 발화되지 않을까 하는 것이 그분들의 고민이자 실천이라고 해야 할 것이다. 이러한 자각을 통해 바로 시의 존재 조건과 발화 방식을 사유하는 것이 '시적인 것'의 존재론을 제고하는 태도와 이어지고 있는 것이다.

특별히 시인들은 시쓰기에 대한 자의식 회복을 통해 이러한 태도를 한껏 제고해가고 있다. 이행기적 속성을 현저하게 지닌 시대일수록 시를 쓰는 작업에 대해 밀도 있는 자의식이 있어야 하고, 또한 시인의 존재 방식에 대한 모색이 뒤따라야 한다는 점에서, 이러한 흐름은 매우 중요한 시정신의 바탕 자질이라고 할 수 있을 것이다. 우리 시대의 이러한 '시적인 것'의 주변성과 주체들의 다양한 욕망 사이에 개재하는 자의식 회복이 그 어느 때보다도 필요하다는 요청에 대한 응답의 결실들이 책에 많이 실렸다고 보면 좋을 것이다.

지난 한 해 동안 발표된 근작 가운데 박소란의 「숨」이 가장 많은 추천을 받았다. 이 작품은 삶의 층위와 윤리의 층위를 밀착시키면서 역설적 희망에 대한 믿음을 놓치지 않은 가편으로 많은 동료들의 평가를 받았다. '오늘의 시'로 선정되기에 부족함이 없는 작품이었다. 그의 다함없는 약진을 소망해본다.

앞으로 우리 시단은 시에 대한 믿음으로 2023년 이후의 풍경을 꿈꾸게 될 것이다. 근자의 성과들은 이러한 과제에 확연하고도 분명한 미학적 대안을 제시하지는 못했지만, 탄탄한 미적 완결성을 두루 보여주었다고 할 수 있을 것이다. 모쪼록 이 책이 우리 시대의 이러한 과제들에 대해 유추적으로 사유할 수 있는 자료가 되기를 바란다.

2023년 '오늘의 시' 기획위원회

# 목차

■ 펴내면서

## 2023 오늘의 시

곽효환 「나의 유년, 노을 지는 집」_11
김명인 「죽변도서관」_14
김선태 「빈 의자」_16
김숙희 「둥근 것의 힘」_17
김양희 「이상의 집」_18
김완하 「마정리 집」_20
김용락 「나무」_22
나태주 「시루봉 아래」_24
나희덕 「세포들」_26
도종환 「오후」_30
문정희 「비누」_32
박기섭 「무작정의 봄」_34
박명숙 「서해에서 기다릴게요」_36
박미자 「감실부처바위」_38

박소란 「숨」_40

박시교 「지극히 사소한 것들에 대하여」_44

박화남 「맨발에게」_46

서숙희 「판타지풍으로」_48

송재학 「눈사람」_50

송종찬 「눈사람」_52

송찬호 「호박벌」_54

신달자 「종이의 울림」_56

신용목 「옥상의 조건」_58

안도현 「유산가」_60

안상학 「가문비나무」_62

안희연 「광장한 삶」_64

이기영 「그믐의 문」_66

이남순 「발아래 공손히」_68

이달균 「바람 노래」_70

이수명 「성묘객들은 밝은 옷을 입는다」_72

이승은 「그늘을 놓아주다」_74

이 원 「모두의 밤」_76

이재무 「한사람 1」_80

이정환 「박 넝쿨 그늘」_82

이지아 「넓고 가득한 그것」_84

이토록 「책을 펼치자 십자가들이 쏟아졌다」_90

임성구 「공명 동굴」_92

장재선 「신안의 평안」_94

정용국 「볼로냐 블루스」_96

진은영 「충족이유율 유감」_98

천융희 「여기서 말한 건 여기서」_100

최동호 「경이로운 빛의 인간」_102

허 연 「시는 검고 애인은 웃는다」_104

홍일표 「독주」_108

**「숨」시평** 허희 _112
**박소란 시인 인터뷰** 최지은 _118

2023 '작가'가 선정한

# 오늘의 시

작가

곽효환 김명인 김선태 김숙희
나의 유년, 노을 지는 집_죽변도서관_빈 의자_

나희덕 도종환 문정희 박기섭
세포들_오후_비누_무작정의 봄_서해에서 기다려

박화남 서숙희 송재학 송종찬
맨발에게_판타지풍으로_눈사람_눈사람

안상학 안희연 이기영 이남순
가문비나무_광장한 삶_그믐의 문_발아래 공손히_바람

이재무 이정환 이지아 이토록
한사람 1_박 넝쿨 그늘_넓고 가득한 그것_책을 펼치자 십자가들

천융희 최동호 허 연 홍일표

김양희 김완하 김용락 나태주
것의 힘_이상의 집_마정리 집_나무_시루봉 아래

박명숙 박미자 박소란 박시교
_감실부처바위_숨_지극히 사소한 것들에 대하여

송찬호 신달자 신용목 안도현
박 벌_종이의 울림_옥상의 조건_유산가

이달균 이수명 이승은 이 원
묘객들은 밝은 옷을 입는다_그늘을 놓아주다_모두의 밤

임성구 장재선 정용국 진은영
졌다_공명 동굴_신안의 평안_볼로냐 블루스_충족이유율 유감

서 말한 건 여기서_경이로운 빛의 인간_시는 검고 애인은 웃는다_독주

# 나의 유년, 노을 지는 집

곽효환

 초등학교가 아닌 국민학교 2학년 전체가 구구단을 다 외웠을 무렵 선생님은 유인물을 나누어주며 이 나라의 국민으로 가슴에 새겨야 하는 귀한 말이니 다 외우라고 했다 외워 가슴에 새겨야 한다고 그래야 나라와 민족을 사랑하는 국민이 된다고 나아가 민족중흥의 새 역사를 창조하는 기둥이 된다고 한참을 훈시했다 그리고는 다 외워야 집에 갈 수 있다고 했다 분단 전체가 혹은 반 전체가 다 외워야 집에 갈 수 있었던 구구단 외우기와는 달리 국민교육헌장은 외운 순서대로 집에 갈 수 있다고 했다

 "우리는 민족중흥의 역사적 사명을 띠고 이 땅에 태어났다. 조상의 빛난 얼을 오늘에 되살려 안으로 자주독립의 자세를 확립하고, 밖으로 인류공영에 이바지할 때다"로 시작하여 "성실한 마음과 튼튼한 몸으로 학문과 기술을 배우고 익히며, 타고난 저마다의 소질을 계발하고 우리의 처지를 약진의 발판으로 삼아 창조의 힘과 개척의 정신을 기른다"를 지나 "길이 후손에 물려줄 영광된 통일 조국의 앞날을 내다보며, 신념과 긍지를 지닌 근면한 국민으로서, 민족의 슬기를 모아 줄기찬 노력으로, 새 역사를 창조하자"로 끝나는 길고 이해할 수 없는 관념적인 문장들이 굳은 자세로 촘촘히 서 있는 유인물을 뚫어져라 읽고 또 외웠다 나는 학급 반장에

그치지 않고 나라와 민족을 사랑하고 새 역사를 창조하는 소년이
고 싶었다 이윽고 선생님과 학급 아이들 앞에서 토씨하나 틀리지
않게 다 외웠고 축하와 부러움에 가득한 아이들의 박수와 눈길을
뒤로하고 가장 먼저 하굣길에 올랐다 나는

    집으로 달음박질을 쳤다
    민족중흥의 역사적 사명을 가장 먼저 가슴에 새긴
    이 기쁨과 자랑스러움을
    온 가족 앞에서 한껏 우쭐거리며 보여주고 싶었다 그런데
    전주교대 인근 마당 넓은 집 별채엔 아무도 없었다
    엄마도 누나도
    주인집 아주머니도 아저씨도 형들도 없는
    텅 빈 집 마당을 서성이며
    '성실한 마음과 튼튼한 몸'은 버적버적 달아올랐다
    안타까운 기다림 속에 해는 뉘엿뉘엿 기울어
    서녘 하늘을 붉게 점점 더 붉게 물들이며
    집 마당을 가득 채우고 시울던 노을
    조금씩 사그라들며

어둠이 천천히 밀려오는데
기다려도 기다려도 오지 않는 사람들을
툇마루에 앉아 기다리다
끝내 울음을 터트리고
까무룩 잠들었다

(문학사상 3월)

**곽효환** 1967년 전북 전주 출생. 1996년 《세계일보》에 「벽화 속의 고양이 3」, 2002년 『시평』에 「수락산」 외 5편을 발표하며 등단. 시집 『인디오 여인』 『지도에 없는 집』 『슬픔의 뼈대』 『너는』 『소리 없이 울다 간 사람』 등이 있음. 애지문학상, 편운문학상, 유심작품상, 김달진문학상 등 수상. kwakhwan@hanmail.net

김명인

# 죽변도서관

책 만 권을 한꺼번에 펼친 바다가
기슭의 파란까지 덮어버렸으니
일몰 이후에나 대출된다는 밤바다는
평생을 새겨도 독해 버거운
비장의 어둠일까, 이 도서관의 장서려니
갈피나 짚이려고 주경야독한다는
어부들의 말이 비로소 실감이 난다
일생을 기대 읽는 창窓이야
시인의 일과처럼 갈짓자 행보지만
알다가도 모를 달빛을 지표 삼아
어둠으로 안내하는 사서의 직업이란
그다지 참견할 일이 못 된다
다만 그 일로 한두 시간 끙끙거리려고
삐꺽대는 목조계단을 밟고 오른다
이 도서관이 대출하는 장서라면
파도 한 단락조차 내게는 벅찰 것이니
오늘 밤에도 누군가는 등대를 켜고 앉아

첩첩 어둠을 읽고 있겠다!

(현대시 10월)

**김명인** 1973년《중앙일보》신춘문예로 등단. 시집『동두천東豆川』『물 건너는 사람』『바닷가의 장례』『길의 침묵』『바다의 아코디언』『파문』『꽃차례』『여행자 나무』『오늘은 진행이 빠르다』등이 있음. 소월시문학상, 현대문학상, 이산문학상, 대산문학상, 목월문학상 등 수상. mikim@korea.ac.kr

# 김선태

## 빈 의자

복사꽃 핀 언덕에 의자가 두 개
한쪽에 내가 다른 한쪽엔 그녀가 나란히 앉아 강물을 바라보았습니다

그렇게만 꿈결 같은 봄날이 흐르고
그녀는 향기만 남겨놓은 채 홀연 먼 곳으로 떠나버렸습니다

향기는 아무리 문질러도 지워지지 않았으므로
향기와 내가 나란히 앉아 오래도록 강물을 바라보았습니다

강물이 흐느끼는 소리로 빠르게 흘러갔습니다
빈 의자엔 여전히 그녀의 향기가 앉아 있습니다

(발견 겨울)

**김 선 태** 1993년 《광주일보》 신춘문예와 《현대문학》으로 등단. 시집 『햇살 택배』, 문학평론집 『풍경과 성찰의 언어』 등이 있음. 영랑시문학상, 시작문학상, 송수권시문학상 등 수상. 현재 목포대 국문과 교수. ksentae@hanmail.net

# 둥근 것의 힘

울퉁불퉁 바윗돌이 몽돌이 될 때까지
바다는 뜬눈으로 제 몸을 부렸겠지
밤이면 달빛도 내려와 살뜰히 핥아주고

파도가 밀려오고 나가기를 수만 번씩
엎어지던 불협화음 쓸리고 쓸어가며
부딪쳐 으깨어진 채 서로를 품어내고

새 아침 햇귀 아래 어깨를 기대느라
자갈자갈 모여 앉은 얼굴들을 보아라
모난 곳 하나 없구나, 둥글게 뭉쳤구나

(문학청춘 봄)

**김 숙 희** 1998년 《시조생활》 신인문학상으로 등단. 시집으로 『꽃, 네 곁에서』 『엉 겅퀴 독법』 『둥근 것의 힘』이 있음. PEN문학현원영시조문학상, 정형시학 작품상. 시천문학상. (사)한국시조협회 문학상 등 수상. gmyis@hanmail.net

# 이상의 집

서촌을 찾아갔다 그가 기다릴 듯해
잠시만 비운다는 또렷한 쪽지 한 줄

이 친구
어딜 가셨나
서가 등 밝혀두고

제비 다방에서 미쓰코시 옥상으로
잠깐 비운 자리 아주 비운 자리

존재와
부재 사이에
잠시라는 유리창

(좋은시조 가을)

**김양희** 2016년 《시조시학》 신인상으로 등단. 2018년 《푸른 동시놀이터》 추천 완료. 시조집 『넌 무작정 온다』, 『제라하게』가 있음. 정음시조문학상, 중앙시조신인상 등 수상. 2o2o2o2o@naver.com

김완하

## 마정리 집

엎드려 숙제를 하는 창가에 풍뎅이 한 마리 붕붕거렸다

호박 꽃잎마다 벌이 잉잉대며 날았다

담장에 매달린 조롱박에 고추잠자리 앉았다 떴다

길가 웅덩이에는 방개가 종종거렸다

둠벙의 잔잔히 이는 물살 주위를 구름이 에워쌌다

바람은 자주 강아지풀의 콧등을 훔치고 갔다

밤이 되면 목마른 별들이 쏟아져 내려와,

두레박으로 우물 길어 목을 축이고 올라갔다

등을 밝히면 담장의 나무들이 다가와 둘러앉았다

새벽까지 풀벌레들 책을 읽으며 꿈을 키웠다

우리 집은 언제나 빛으로 가득 차 있었다

(문학사상 4월)

**김 완 하**  1987년 《문학사상》 신인상으로 등단. 시집으로 『길은 마을에 닿는다』 『허공이 키우는 나무』 『절정』 『집 우물』 『마정리 집』 등이 있음. 시와정신아카데미 대표. kimwanha@hanmail.net

김용락

# 나무

– 언눔 전우익 生家를 방문해서


옥천 全氏 구천파 오백 년 세거지 石碑가 선
경상북도 봉화군 상운면 구천리는
언눔 전우익 선생 생가지이다
그는 내가 오래 그리워하고 사랑하는 사람이다

지방도로 산악은 이미 만추의 끝물이 들었지만
집앞 무 밭의 무는 푸른 잔등을 지상으로 밀어올리고 있다
선생이 심은 숱한 나무 중 산수유 열매는 땅에 떨어져
가을 햇살을 밀도 깊은 붉은 색으로 물들이는데

주인 간 뒤 빈 사랑채에는 17년 세월의 먼지가 그대로 쌓여있다
연장통에는 살아생전 쓰던 톱과 끌과 정이 나뒹굴고
부엌아궁이의 재는 계절을 잊은 채 고독하게 날리고 있다
한때 靑眼의 시인은 이 사랑채에서 자주 밤을 새웠다

책장에는 여전히 중국판과 한국판 魯迅전집이 가지런하고
資本論과 사상사전, 일본어 문고판 좌파 서적이 빼곡히 꽂혀있다
벽에는 빛바랜 세한도 모사본은 40년 전에도 있었던 그림

기둥에는 백발성성한 생전 사진이 형형한 눈빛으로 무언가에 골똘하다

　선생을 처음 뵌 지 40년이 다 되었지만 그리움과 사랑은 더욱 깊고
　'혼자서만 잘 살면 무슨 재미인가?'는 청년 사회주의자의 신념이지만
　젊은 시인은 인간이 다른 인간의 것을 빼앗아 부를 쌓는 행위야말로
　인류 모두를 불행으로 몰고 가는 채찍이라는 사실을 그에게서 배웠다

(창작21 가을)


**김용락** 1984년 창작과비평사 신작 시집 『마침내 시인이여』로 등단. 시집으로 『푸른별』『기차소리를 듣고 싶다』『시간의 흰길』『조탑동에서 주위들은 시 같지 않은 시』『산수유나무』『하염없이 낮은 지붕』 등이 있음. 현재《문화분권》발행인. yrk525@hanmail.net

# 시루봉 아래

나 아직 여기 있다
시루봉 아래 흰 구름 아래
나 아직 흘러가지 않고
세찬 물소리 그 곁에
나 아직 지워지지 않고

나 아직 여기 있다
너를 생각하는 붉은 꽃
심장 하나로
나 아직 여기 있다
나 아직 여기 울고 있다.

(시와정신 봄)

**나 태 주**  1971년 《서울신문》 신춘문예로 등단. 시집 『대숲 아래서』부터 『좋은 날 하자』까지 50권 출간. 현재 공주에서 나태주풀꽃문학관 설립·운영.
tj4503@naver.com

# 세포들

린 마굴리스는 말했지
진화의 가지런한 가지는 없다고
가지런한 가지는 생명의 궤적이 아니라고

한 번도 질서정연한 적 없는 생명,
생명의 덩굴은 어디로 뻗어갈지 알 수 없어

그야말로 소용돌이

칼 세이건은 말했지
우리는 아주 오래 전 별 부스러기들로 이루어졌다고
빅뱅에서 만들어진 수소와 헬륨,
그 원소들로부터 왔다고

우리 몸에는
인간 세포 수보다 박테리아 수가 좀더 많다지

박테리아 덕분에 살아가는 나날

물론 우리와 평생 함께하는 세포는 없어
길어야 칠 년이면 사라지니까
그래도 세포가 깨끗이 재생된다면
인간은 190년 정도를 살 수 있다고 하던데

근육과 혈관 속의 세포들은
매일 조금씩 사라지거나 생겨나는 중

대체 무엇을 나라고 부를 수 있을까

방금 어깨를 부딪치며 지나간 사람,
그를 돌아보는 동안에도 세포 몇 개가 사라졌겠지

진화는 세균들 사이의 사건,
우리가 생물학적으로 아름답고 복잡한 것은
박테리아와 미토콘드리아 덕분이라고 린 마굴리스는 말했지

진화의 가지런한 가지는 도무지 없다고

(포지션 여름)

**나희덕** 1989년 《중앙일보》 신춘문예로 등단. 시집으로 『뿌리에게』 『그 말이 잎을 물들였다』 『그곳이 멀지 않다』 『어두워진다는 것』 『사라진 손바닥』 『야생사과』 『말들이 돌아오는 시간』 『파일명 서정시』 『가능주의자』 등이 있음. 현재 서울과학기술대 교수. rhd66@hanmail.net

# 오늘의 시

# 오후

낡아빠진 책장을 열었다 닫는 것 같은 업무가
또 지루하게 이어지고 있다고 여기는
월요일 오후

알로카시아 연둣빛 새 잎은 맑은 몸을 내민다

같은 시간에 나갔다 같은 골목을 걸어 돌아오는 일이
십 년 넘게 반복되고 있는
생의 언덕에

아기 동백은 피어 빨간 입술을 오물거린다

물살을 가르며 파도에 젖은 채 대양으로 나가지 못하고
항구에 묶인 배처럼
녹슬고 있는 나이에도

백양나무는 힘겨운 중년을 건너며 나이테를 늘리고

도전하고 깨지고 다시 새로운 일을 시작하기엔
많이 늦었다는 생각을 하며
시린 하늘 올려다보는 날

새들은 바람을 거슬러 오르며 아름다운 풍경이 된다

(K-Writer 겨울)

**도종환**  1984년 《분단시대》로 등단. 시집으로 『접시꽃 당신』 『부드러운 직선』 『슬픔의 뿌리』 『해인으로 가는 길』 『세시에서 다섯시 사이』 『흔들리며 피는 꽃』 『사월 바다』 등이 있음. 신동엽창작상, 정지용문학상, 윤동주상, 백석문학상, 공초문학상, 신석정문학상, 박용철문학상 등 수상. djhpoem@hanmail.net

# 비누

명성은 매끄러운 비누와 같아
움켜쥐려 할수록 덧없이 사라진다

오늘 한 시인이
시 한 편을 써서 얻은 이름으로
비누를 사러 갔다

그는 자꾸 향내를 맡아보다가
첫사랑처럼 애틋하고
마지막 사랑처럼 절박한 향을 골랐다

실은 그 향은 한물간 향이다
불꽃을 닮아 입술을 팔랑이는 척하다가
어딘지도 모르는 곳으로
가벼이 사라지는
흔한 거품 냄새였다

비누는 원래 할 말이 많은 돌이었다*

돌로 여기저기를 팍팍 문지르다가
거품을 주무르다가
물에 녹아 하수구로 사라지는 것이다
세척의 역할 따위를 생각할 겨를조차 없다

명성은 매끄러운 비누의 모습으로
모래 위를 돌처럼 바다거북처럼 굴러다니다가
가뭇없이 바닷물에 쓸려 간다


* 프랑시스 퐁주, 이춘우 옮김 〈비누〉 일다(2021)

(현대문학 1월)

**문 정 희**  1969년 《월간문학》으로 등단. 시집으로 『오라, 거짓 사랑아』『양귀비 꽃 머리에 꽂고』『나는 문이다』『카르마의 바다』『응』『작가의 사랑』 등이 있음. 현대문학상, 소월시문학상, 스웨덴 시카다상 등 수상. 현재 국립한국문학관장.
poetmoon@gmail.com

박기섭

# 무작정의 봄

법도 양심도 없는 무작정의 봄이로다
느닷없이 입을 막고 길마저 끊어버리고
한사코 음양을 가르는 황당무계의 봄이로다

수백 리 늪길 건너 사막길 또 수천 리
엎어지고 자빠지며 피는 족족 지는 꽃들
다홍도 분홍도 지친 지리멸렬의 봄이로다

그래 너 어쩌면 내 생의 마지막 백신
그렇게 또 완강히 주삿바늘을 꽂은 채로
역병만 역병이 아닌 묵묵부답의 봄이로다

(시조시학 여름)

**박 기 섭** 1980년 《한국일보》 신춘문예 당선. 시집으로 『키 작은 나귀 타고』 『默言集』 『비단 헝겊』 『하늘에 밑줄이나 긋고』 『엮음 愁心歌』 『달의 門下』 『角北』 『서녘의, 책』 『오동꽃을 보며』 등이 있음. haengongdang@hanmail.net

박명숙

## 서해에서 기다릴게요

오랫동안 당신을 불러보질 못했어요
망망한 서천 어디 여태도 계시는지

서해는 금박을 물고 저녁을 맞습니다

저 햇살로 댕기를 만들어 주실 거지요
한 자락 얇게 떠서 물동이에 이고 오세요

눈부신 금박댕기 매고 골목길 달리고 싶어요

울 엄마 살아 있다고 자랑하고 싶어요
엄마를 부르면 엄마가 돌아오는 곳

서해는 당신의 바다, 서해에서 기다릴게요

(서정과현실 하반기)

**박 명 숙**  1993년 《중앙일보》 신춘문예 시조 당선. 1999년 《문화일보》 신춘문예 시 당선. 시집 『은빛 소나기』 『어머니와 어머니가』 등이 있음. 열린시학상, 중앙시조대상 등 수상. pms5507@hanmail.net

박미자

# 감실부처바위

옴마야, 우째 아직 여기 앉아 계시는교~

신 새벽 쪽진 머리
해를 이고 오시었네

썰물 진 울 엄마 자리
채워주신
큰엄마

자야 인자 오냐, 니는 한숨 자거레이

얼라는 내가 보마
그만 눈 좀 부치레이

꿀잠은 내게 주시고
빙긋이
지켜주던

(오늘의시조 연간집)

**박 미 자** 2009년 《부산일보》 신춘문예 시조당선으로 등단. 시조집 『그해 겨울 강구항』 『도시를 스캔하다』 『바닷물 연고』가 있음. 울산시조작품상, 울산문학작품상, 김상옥백자예술상신인상, 성파시조문학상등 수상, sunshin080@hanmail.net

# 박소란

## 숨

겨울의 한 모퉁이에 서 있는 것이다
시린 발을 구르며
오지 않는 버스를 기다리며, 버스가 아닌 다른 무엇이라 해도

기다리는 것이다

이따금 위험한 장면을 상상합니까 위험한 물건을 검색합니까
이를테면,
재빨리 고개를 젓는 것이다

남몰래 주먹을 쥐고 가슴을 땅땅 때리며

어쨌든 기다리는 것이다 시도 쓰고 일도 하며
어쨌든
주기적으로 병원도 다니고 말이죠
과장된 웃음을 짓기도 하는 것이다

오지 않는 것들에 목이 멜 때마다

신년운세와 卍 같은 글자가 비스듬한 간판을 흘끔거리는 것이다

알바가 주춤거리며 건넨 헬스 요가 전단을 어쩌지 못하는 것이다

버릴 수 없다는 것,
여기가 아닌 다른 어디라 해도

한숨을 쉬면 마스크 위로 터지듯 새어 나오는 입김

가만히 바라보는 것이다
지나치게 희고 따뜻한 것 어느 고요한 밤 찾아든 귓속말처럼
몹시 부풀었다 이내 수그러지는 것

텅 빈,

다시 부푸는 것

다시 속살거리는 것

어째서 이런 게 생겨났을까 알 수 없는
하나의 이야기가 곁을 맴도는 것이다

말갛게 붙들린 채로 다만 서 있는 것이다
얼어붙은 길
무슨 중요한 볼일이 남아 있기라도 한 듯

기다리는 것이다

아 신기해라, 조용히 발음해보는 것이다

(릿터 6-7월)

**박소란** 2009년 《문학수첩》으로 작품활동 시작. 시집으로 『심장에 가까운 말』 『한 사람의 닫힌 문』 『있다』가 있음. 신동엽문학상, 내일의한국작가상, 노작문학상, 딩아돌하작품상 등 수상. noisepark510@hanmail.net

박시교

## 지극히 사소한 것들에 대하여

발길에 밟힐까싶은 개미들을 걱정하고

사지도 않을 노점상 야채묶음을 셈해보고

나는 왜
작은 것들에 이토록 목매는가

(정형시학 겨울)

**박시교** 1970년 《매일신문》 신춘문예 당선과 《현대시학》 추천으로 등단. 시집으로 『겨울강』 『독작獨酌』 『아나키스트에게』 『13월』 『동행』 등이 있음. 한국시조대상 등 수상. sigyo@naver.com

## 맨발에게

아내가 씻어준다는 남자의 낡은 두 발
구두 속의 격식은 언제나 무거웠다
이제껏 바닥만 믿고
굳은살로 살았다

손처럼 쥘 수 없어 가진 것이 없는 발
중심을 잡으려고 흔들리지 않았다
그래도 바닥의 깊이를
모른다는 그 남자

하루가 감아온 발을 물속에 풀어낸다
뒤꿈치 모여있는 끊어진 길 닦으면서
아내는 출구를 찾아
손바닥에 새긴다

바닥을 벗어나려고 지우고 또 지워도
이 바닥이 싫다고 떠난 사람이 있다
맨발은 그럴 때마다

저녁이 물컹했다

(시조시학 여름)

**박화남** 2015년 《중앙일보》 중앙신인문학상으로 등단, 시집으로 『황제펭귄』 『맨발에게』가 있음. ego-106@hanmail.net

서숙희

# 판타지풍으로*

- 영일만

보름밤이면 달은, 바다를 범한다
검은 맨살로 누운 알몸의 바다를
한사코 미끈대면서 달아나려는 바다를

한껏 부푼 중천을 단숨에 들이켜고
참았던 둥근 끈도 거침없이 풀어 던지고
바다의 검은 살 위에서 허옇게 달은 죽어
수천수만의 물고기 떼 일시에 부화하여
만灣 가득 비릿한 비늘 터는 소리들,

건너편 붉은 제철소가
쇳덩이를 쑥쑥 낳는 밤

* Sonata quasi una fantasia, 베토벤이 피아노소나타 14번(월광)에 붙인 표제

(시조시학 가을)

**서 숙 희**  1992년 《매일신문》《부산일보》 신춘문예 시조 당선. 1996년 《월간문학》 신인상 소설 당선. 시집 『먼 길을 돌아왔네』 시선집 『물의 이빨』 등이 있음. 중앙시조대상 등 수상. woomul35@hanmail.net

## 송재학

## 눈사람

  확실히 넌 옷을 걸치지 않는 게 좋아 보여 그게 누드는 아니야 웃지 말라는 건 더욱 아니지 처음부터 너의 옷은 옷걸이조차 없다 역병을 경험한 너의 흰색은 고요에 다가가는데 소란을 감싸려는 넓이라고 할 수밖에, 숯이라는 눈빛과 잘 어울리는 흰색 때문에 무엇이든 눈이나 눈동자가 될 수 있기에 지금 나는 검은색을 생각 중이야 이렇게 많은 것들 사이의 흰색은 사실이 확인되지 않는 말, 몸의 내부와 외부가 균일한 흰색 위에 각혈의 피 한 방울 떨어지는 냉담한 추위 탓에, 물끄러미 멈춘 너에게 다시 시작되는 폭설은 현실과 환상이 서로의 이름이라는 것, 시나브로 네가 녹으니까 입이나 눈 없이 돌아오리라는 소식과 풍문은 잔설만이 애써 품고 있다

(시와사람 겨울)

**송 재 학**  1986년 계간 《세계의 문학》으로 등단. 시집 『얼음시집』 『살레시오네 집』 『푸른빛과 싸우다』 『그가 내 얼굴을 만지네』 『기억들』 『진흙얼굴』 『내간체를 얻다』 『슬프다 풀 끗혜 이슬』 『아침이 부탁했다, 결혼식을』 등이 있음.
den55@naver.com

# 눈사람

그의 소원은 두 발로 걷는 것
새록새록 눈이 쌓이는 앞강
발자국 옆에 나란히 발자국을 남기는 것
그의 소원은 두 손을 잡는 것
연병장에 싸륵싸륵 눈이 쌓이고
천진암 접어드는 길 막혀 찾는 이 없을 때
그의 소원은 두 손 가지런히 모으고
그대를 위해 기도하는 것
봄비에 속절없이 무너져 내리는 순간까지
폭설 속에 홀로 두고 떠나간
그대를 용서하는 것

(푸른사상 겨울)

**송 종 찬**  1993년 《시문학》에 「내가 사랑한 겨울나무」 외 9편을 발표하며 작품활동 시작. 시집 『그리운 막차』 『손끝으로 달을 만지다』 『첫눈은 혁명처럼』, 러시아어 시집 『시베리아를 건너는 밤Транссибирские Ночи』 등이 있음.
song.siberia@gmail.com

송찬호

# 호박벌

검은 솥이 붕붕 날아다니네
그을음 잔뜩 묻은
뚱뚱한 솥이
꽃 사이를 날아다니네
어디다 솥을 걸어야할지
바람의 매니저가
이 꽃 저 꽃을 흔들어 보네
이 꽃은 목이 삐었고
저 꽃은 허리가 아프다오
바람도 지쳐 잦아든 한낮
그을음 묻은 검은 솥
꽃 사이를 바삐 날아다니네

(시와경계 가을)

**송 찬 호** 1987년 《우리 시대의 문학》으로 작품 활동 시작. 시집 『흙은 사각형의 기억을 갖고 있다』 『10년 동안의 빈 의자』 『붉은 눈, 동백』 『고양이가 돌아오는 저녁』 『분홍 나막신』 등이 있음. sch2087@hanmail.net

# 종이의 울림

네 알겠습니다
네 네 다 받아들이겠습니다
온 몸을 다해 귀를 세우겠습니다

몇 억 년 전에서
바로 오늘 이 시간까지 움직이는 호흡 하는
생물에서 무생물까지 내 몸보다 더 큰 귀로 듣고 따르겠습니다
그 우주의 말은 물이 되고 바람이 되고 공기가 되고
하늘을 알리고 땅을 알리고 해 달 별을 알리고
나무와 꽃을 알리고 대자연을 만들어 놓았습니다
그것을 통틀어 지금 우리 앞에 놓인 한 장의 종이는 말합니다
거기 음악이 미술이 문학이 용솟음치며 춤추며 말하는 것
사람의 삶을 역사를
이 한 장의 종이는 말하고 있습니다

더 고요히 잠잠해져라
더 가벼히 비워라
그러면 침묵이 입을 열어 사람에게 닿지 못한 말들을 경청하게

되리
  그러면 침묵이 가슴을 열고 말을 걸어 올 것입니다
  종이는 다시 말 합니다
  무뎌지는 것들이 다시 입을 열어야지요
  약해지고 소망이 흐려지고 기쁨을 잃어버린
  뭉툭한 연장에 푸른 날이 서려지도록 간절히 종이와 맞대면하면
  울림 울림 울림 무뎌진
  뒤틀리고 구부러진 나에게 날선 울림파도가 스쳐 지나갈 것입니다

(시와정신 겨울)

**신 달 자** 1943년 경남 거창 출생. 1972년 《현대문학》 등단. 시집 『열애』 『종이』 『북촌』 『간절함』 등이 있음. 공초문학상, 정지용문학상, 대산문학상, 석정시문학상 등을 수상. 현재 《유심》 주간. dalja7@hanmail.net

## 옥상의 조건

　어느 날 나는 공중이 새를 잡아먹는 것을 보았습니다 환한 대낮이 날아가던 새를 꿀꺽, 삼켰습니다

　그러나 그만 내려가요, 비의 입장에서는 비 맞는 사람들의 머리가 바닥이겠지요 우산이 없어서 뛰는 사람들이 보입니다, 걷기의 입장에서는
　우산은 조건입니다 공중의 입장에서는
　투명한 입과 투명한 배와 투명한 살 속으로 새를 옮긴 것이고, 새의 입장에서는

　벗어난 것이겠지요 내가 가진 시야로부터, 새의 입장에서는
　나는 부재의 조건입니다

　어느 날 구름은 압송되어가는 코끼리 떼 같습니다 코끼리의 죄는 차라리 코가 긴 것
　기린은 목이 길어서 평생을 내다보고 살고
　코가 사라질 때까지 얼굴을 바닥에 문지르며
　비가 오고,
　목이 빠진다는 말은 알고 보면 창문 때문이고 가까운 곳에서부터 먼 곳까지 젖고 있는

골목 때문이고
공원이 내려다보이는 옥상 때문이고

돌아오지 않는 새 때문이지만

알고 보면, 공중은 거대하게 흘러가는 강물입니다 풀숲이 있고 헤치고 들어간 곳에 울음을 닮은 알들이 물비늘처럼 반짝이고 있을 거예요
어느 날 공중을 물고 날아오를 겁니다 푸른 식탁보를 강물 속으로 끌고 갈 겁니다
나는 그 광경을 아득히 밤하늘로 바라보다 슬며시 별과 별을 그으며, 부재를 잊겠지요

그러니 이제 내려가요 밥 먹을 때잖아요

(시산맥 겨울)

**신용목** 2000년 《작가세계》 신인상으로 등단. 시집으로 『그 바람을 다 걸어야 한다』 『바람의 백만번째 어금니』 『아무 날의 도시』 『누군가가 누군가를 부르면 내가 돌아보았다』 『나의 끝 거창』 『비에 도착하는 사람들은 모두 제 시간에 온다』가 있음. 97889788@hanmail.net

# 유산가 遊山歌

영양 자작나무 숲 가는 길에 외딴집 한 채를 뵈었다

서쪽으로 어깨가 한 자쯤 기울었다 기우뚱거리는 범선 같았다

뒷마당 돌배나무는
쌀 안치는 소리 같은
꽃을 달고 서 있었다

자신을 밀고 나가는 일이 과연 옳은 일인가 잠시 멈춰서 생각하는 것 같았다

밑바닥이 가라앉기 좋아 보였다

저 빈집을 통장을 털어 살 수 있다면, 하고 생각하다가 흥정이 잘 되면 훤칠한 돌배나무 돛을 공으로 얻을 수 있겠지 하는 데까지 생각이 뻗어나갔다

빈집은 청승맞게 허벅지를 긁고 있었고

소유할 때 생기는 오해를 나는 어찌 감당할 것인가 초록을 핑계 삼아 돌파할 수 있는가 근심이 돌배나무 수피에 덕지덕지하였다

　그나저나 주인의 연락처는 어딜 가서 구한단 말인가

(시산맥 봄)

**안도현**　1981년 《매일신문》 신춘문예로 등단. 시집으로 『서울로 가는 전봉준』 『모닥불』 『그대에게 가고 싶다』 『외롭고 높고 쓸쓸한』 『그리운 여우』 『바닷가 우체국』, 『너에게 가려고 강을 만들었다』 등이 있음. 소월시문학상, 노작문학상, 윤동주상, 백석문학상 등 수상. 현재 단국대학교 문예창작학과 교수. ahndh61@chol.com

# 가문비나무

마음이 아프면 죽고 싶다가도
몸이 따라 아프면 살고 싶었습니다

마음을 단단하게 하려면 겨울이 길어야겠습니다
고통을 새기려면 거센 바람에 오래 흔들려야겠습니다
슬픔을 아로새기려면 거친 눈보라가 제격이겠습니다

슬픔의 소리가 노랫말을 얻을 때가지
고통의 소리가 선율을 얻을 때까지

마음에 지지 않으려면 몸에 울음소리를 새겨야겠습니다
몸에 지지 않으려면 마음에 신음소리를 새겨야겠습니다

길고 긴 밤의 시간을 건너고 건너서
수없이 많은 겨울의 시간을 지나고 지나서

거짓말 같이 봄이 오고 믿을 수 없는 여름이 오고
도둑 같이, 다시 겨울을 부르는 가을이 오면

나는 내 모든 것을 내던지겠습니다

누군가 내 몸을 잘라서 고통을 보자 하면 선율을 내놓겠습니다
누군가 내 마음을 쪼아서 슬픔을 보자 하면 노래를 내놓겠습니다

아픈 마음의 소리를 아픈 몸이 노래합니다
아픈 몸의 소리를 아픈 마음이 노래합니다

마음이 못내 아파서 죽을 생각을 하다가도
몸이 못내 아파서 다시 살 마음을 내었습니다

(창비 여름)

**안 상 학**  1988년 《중앙일보》 신춘문예로 등단. 시집 『남아 있는 날들은 모두가 내일』 『그 사람은 돌아오고 나는 거기 없었네』 『아배 생각』 『안동소주』, 동시집 『지구를 운전하는 엄마』 등이 있음. artandong@hanmail.net

## 안희연

## 굉장한 삶

계단을 허겁지겁 뛰어 내려왔는데
발목을 삐끗하지 않았다
오늘은 이런 것이 신기하다

불행이 어디 쉬운 줄 아니
버스는 제시간에 도착했지만
또 늦은 건 나다
하필 그때 크래커와 비스킷의 차이를 검색하느라

두 번의 여름을 흘려보냈다
사실은 비 오는 날만 골라 방류했다
다 들킬 거면서
정거장의 마음 같은 건 왜 궁금한지
지척과 기척은 서로의 존재를 알고 있을지

장작을 태우면 장작이 탄다는 사실이 신기해서
오래 불을 바라보던 저녁이 있다

그 불이 장작만 태웠더라면 좋았을 걸
바람이 불을 돕지 않았더라면 좋았을 걸

솥이 끓고
솥이 끓고

세상 모든 펄펄의 리듬 앞에서
나는 자꾸 버스를 놓치는 사람이 된다

신비로워, 딱따구리의 부리
쌀을 세는 단위가 하필 '톨'인 이유
잔물결이라는 말

솥 안에 무엇이 들었는지는 모른다
다만 신기를 신비로 바꿔 말하는 연습을 하며 솥을 지킨다
떠나지 않는 사람이 된다는 것
내겐 그것이 중요하다

(현대시 3월)

**안 희 연** 2012년 《창작과비평》 신인시인상을 수상하며 작품활동 시작. 시집으로 『너의 슬픔이 끼어들 때』『밤이라고 부르는 것들 속에는』『여름 언덕에서 배운 것』 등이 있음. elliott1979@hanmail.net

## 그믐의 문

 체리컬러가 지독한 피냄새로 스미고 있었다 그런 불길한 징조가 서로의 의지를 뻗어 칭칭 감아대고 있었다

 예고도 없이 어두워지면서 멀어지는 것은 아득한 허공 뿐, 지상의 일들은 너무 멀어서 때로는 비현실이 된다

 그것이 어느 날의 기상변이라 하더라도 60년만의 가뭄 끝에 온 별 볼일 없는 기우라 하더라도 그러다 후두둑 비가 지나가면 질척거리는 흙탕물 위를 말없이 발자국을 찍으며 걸어야 하는 사람들은 좌판을 걷어 치우더라도 원망할 수도 없어 고마운 비가 아무리 분탕질을 일삼더라도

 날이 밝고 다시 발바닥에 땀이 나도록 뛰어가려면 그믐의 다른 이름으로 검은 비닐봉지에 싸서 버린 늑대의 날카로운 이빨을 버려야 한다 보름밤마다 갈기갈기 찢어버리고 싶은 하울링을 뒤로 하고 쓸쓸한 익명 뒤로 숨어들어야 한다

체리컬러는 눈물을 할퀴고 지나간 피의 얼룩이 아니므로

(미네르바 겨울)

**이기영** 2013년 《열린시학》으로 등단. 시집 『부에나 비스타 소셜 클럽』 『나는 어제처럼 말하고 너는 내일처럼 묻지』, 디카시집 『인생』 『전화 해, 기다릴게』가 있음. 김달진창원문학상, 이병주문학상, 경남문인상 등 수상. secret1760@hanmail.net

# 발아래 공손히

한쪽 발 삐죽하니 이불 밖에 나와 있다
덮어주는 손안으로 뒤꿈치가 잡혀진다
현무암 돌계단처럼 불퉁하게 굳었다

등에 지던 짐만큼이나 겹겹이 쌓였겠지
뒤틀린 발가락만큼 온몸을 굽혔겠지
그렇게 사는 동안에 종양도 커졌겠지

퉁퉁 부은 발등 보니 울음 참는 목젖 같다
저 혼자 쌓은 시간 오늘에야 들켰구나
조였던 작업화 풀고 수술대에 누운 발

(서정과현실 하반기)

**이 남 순** 2008년《경남신문》신춘문예로 등단, 시집 『민들레 편지』『봄은 평등한 가』 등이 있음. 이영도시조문학상 신인상 등 수상. manbal6237@hanmail.net

## 바람 노래

촉석루矗石樓 떠돌던 타령꾼이 있었다

거렁뱅이도 같고 투덜투덜 허튼소리나 해대는 투덜이도 같은데 들어보면 통 들을 구석 없지도 않는 사내의 말인즉, 논개바우에 앉아서 지리산 쌍계곡雙溪谷 수박향 난다는 은어 물장구치는 소리라도 들을 줄 알아야 시인이지, 진주난봉가 부르는 아낙네 소릿결도 읽을 줄 모르면서 문장文章을 한다고 쯧쯧!

화들짝
놀라 깨어보니
한 줄기 바람만 둥둥

(시조시학 여름)

**이 달 균**  1987년 시집 『지평』과 『남해행』을 출간하여 문단활동 시작. 시집 『열도의 등뼈』 『늙은 사자』 『문자의 파편』 『말뚝이 가라사대』 『장롱의 말』 『북행열차를 타고』 『南海行』 등이 있음. 중앙일보시조대상, 이호우·이영도 시조문학상, 조운문학상, 경상남도문화상 등이 있음. 현재 경남문인협회장. moon1509@hanmail.net

# 성묘객들은 밝은 옷을 입는다

　그는 컵에 담긴 아이스커피를 빨대로 휘휘 저으며 성묘를 가자고 한다. 성묘객들은 모자를 쓰고 밝은색 옷을 입는다. 손에 꽃을 들고 있다. 무덤을 빙 둘러 서 있다. 돗자리를 깔고 그 위에서 절을 한다.
　그는 컵을 휘휘 젓는다. 컵 속을 들여다보며 세상을 떠난 사람의 성묘를 가자고 한다. 공원묘지에는 성묘객들이 많아서 전국 각지의 사람들이 전개된다. 미리 성묘한 사람들과 미리 성묘하려는 사람들이 벌초를 권장한다. 무덤을 정리하고 벌집을 숨긴다. 벌초를 하는 사람이 있고 벌초하고 잔디를 입히는 사람이 있고 벌초하고 잔디 입히고 다시 와서 벌초하는 사람이 있다. 올해 얼마나 많은 사람들이 벌초를 했는지는 알 수 없는 일이다.
　그는 컵을 계속 열심히 휘젓는다. 학교를 그만두고 직장을 그만두고 그는 밝은색 옷을 입는다. 운동을 그만두고 성묘를 가자고 한다. 컵 속에는 아직도 얼음이 둥둥 떠 있다. 그는 컵을 들어 올린 채 성묘에 접속한다. 성묘 문화에서 벗어나지 않으려고 성묘객들이 무리를 이루어 나란히 걷는다. 입은 옷을 넓게 펼치며 벌떼를 스쳐 지나간다. 벌들이 전부 다른 무덤에서 기어 나온다. 성묘객들은 서로의 존재를 비밀에 부친다.

(창비 겨울)

**이 수 명**  1994년 《작가세계》로 등단. 시집 『새로운 오독이 거리를 메웠다』 『왜가리는 왜가리 놀이를 한다』 『붉은 담장의 커브』 『고양이 비디오를 보는 고양이』 『언제나 너무 많은 비들』 『마치』 『물류창고』 『도시가스』 등이 있음. 박인환문학상, 현대시작품상, 노작문학상, 이상시문학상, 김춘수시문학상, 청마문학상 등 수상. smlee712@gmail.com

# 그늘을 놓아주다

건너오고 건너가던 그 오랜 마음결은
나눠도 갈마들던 안개 혹은, 는개였다
아득한 거리에서도 발목을 서로 잡던

감춰 둔 서너 통의 옛 편지를 태우는 날
한참을 따라붙던 목마른 재채기가
연기로 젖어들면서 땅거미를 드리웠다

밖에서 바라보니 정작 내가 갇혔구나
시름없는 풍경 속에 웃자란 그늘의 키
징검돌 디뎌선 자리 이끼가 번져갔다

오디 빛 하늘 길을 열고자한 나중의 밤
덜 여문 한 마디를 통째로 베어 물고
꼬리별 스러진 곳에 그림자를 낳았다

(시와소금 여름)

**이승은** 1979년 제1회 〈만해백일장〉 장원, 그해 KBS 문공부주최 〈전국민족시대회〉 장원으로 등단. 시집으로 시집 『첫, 이라는 쓸쓸이 내게도 왔다』 『어머니, 尹庭蘭』 『얼음동백』 등이 있음. 중앙일보시조대상, 고산문학대상, 백수문학상 등 수상.
jini-221@hanmail.net

# 모두의 밤

모든 시간이 몰려오면
그림자들은 포구 근처에 몰려들 거니까

그때서야 끼룩끼룩 어흥어흥 야옹야옹 주륵주륵
예상 못 한 소리를 쏟아낼 거니까

밖을 갈아엎는 시도가 시작된다면 우리는 안이 되는 거다
우리는 안이 없어지는 거다

벽 뒤에라도 숨어봐
벽 뒤란 없어 숨을 곳이 사라진 게 언제인데

태양은 떠올랐다 잠겼다 하니까
어깨와 등 사이니까
기도와 식도 옆 통로니까

검은 것이라면 무조건 너울처럼 쓰고
비치는 것은 무조건 눈코입이라고 말하고

피부 속에 눈을 밀어 넣으라니까

허공을 접으면 그래도 벽이 나타난다는 것

허공은 비밀을 간직할 줄 알아서
생김새와 소리를 맞춰보는 일은 없었다
질긴 가죽만 남은 지구에서 피리 소리가 났다
울음은 덩어리째 식도와 기도를 막았다

여기서 인사한다는 것 끊어진다는 것

네 몸에 아니 내 몸에 아니 숲속에 아니 지구에
성냥을 타닥타닥 켜봐

켜볼까

창문 돌멩이 파도 새의 강철같은 부리 노란 털을 가진 고양이들
지구의 복도들

나란히 밤을 구하는 수밖에

(청색종이 여름)

**이 원** 1992년 《세계의 문학》으로 등단. 시집으로 『그들이 지구를 지배했을 때』 『야후!의 강물에 천 개의 달이 뜬다』 『세상에서 가장 가벼운 오토바이』 『불가능한 종이의 역사』 『사랑은 탄생하라』 『나는 나의 다정한 얼룩말』 등이 있음. oicce@hanmail.net

오늘의 시

# 한 사람 1

최초로 그리움을 심어준 사람
결락의 고통을 안겨주고
부재의 허무를 살게 하여
나를 깊이 만든 사람
세계가 비밀로 가득 차 있다는 것을
깨우친 사람
바람을 예민하게 느끼고
구름과 별과 달에
눈길이 머무는 습관을 심어준 사람
비와 눈 속을 걷게 한 사람
그 흔한 달개비꽃이 아름답다는 것을
알게 하고
기차와 여관과 해안선과 강안을
좋아하게 만들고
바다의 수평선과 연緣을 맺어준 사람
슬픔이 거름이고 힘이고
지혜를 준다는 것과
나를 울게 한 이는

나라는 것을 알게 한 사람
모국어와 사랑에 빠지게 하고
마침내 시를 쓰게 한 사람

(시집 『한 사람이 있었다』)

**이 재 무** 1958년 충남 부여 출생. 1983년 《삶의 문학》으로 등단. 시집 『섣달 그믐』 『온다던 사람 오지 않고』 『위대한 식사』 『시간의 그물』 『경쾌한 유랑』 『슬픔에게 무릎을 꿇다』 등이 있음. 윤동주문학대상, 소월시문학상, 난고문학상, 편운문학상, 풀꽃문학상 등 수상. 현재 천년의시작 대표이사. poemsijak@hanmail.net

# 박 넝쿨 그늘

요나를 생각하는
날들이 잦아졌다

니느웨 다시스
큰물고기 박 넝쿨

캄캄한 사흘밤낮이
어둠으로 질척였다

표적을 남긴 채
홀연히 떠난 요나

그날처럼 정수리에
뙤약볕 내리쬐는데

여태도 담장 한구석
짙푸르다, 박 넝쿨!

(시조시학 여름)

**이 정 환**  1981년 《중앙일보》 신춘문예 시조 당선. 시조집 『코브라』 『별안간』 『에 워쌌으니』 『悲歌, 디르사에게』 등이 있음. jhwanl@hanmail.net

# 넓고 가득한 그것

가을이 오기 전

느닷없이 날아오는 축구공을 차다가 공중회전 했어요

슬리퍼와 날아간 넓고 무모한 마음

까지고 피 나고 멍들고
손뼉 치고 업어주고 또르르

오전의 소망과 오후의 소용돌이
좀처럼 줄지 않는 담론과 산책

때로는 기억이 기억을 지운 1아르a의 통폐합과 편도선 붓기에 대해
회의해보기, 정말 무서운 일은 잊게 된다

둘이 앉아
둘이 손을 잡고 앉아

미루었습니다, 어떤 날들을, 믿지 않았어요, 미래를, 곧 닿을 거라면, 더 갈 곳이 없는데, 그러곤
미행했다
형사처럼

어떤 시간에는 살그머니 살아가는 인간들이 쨍해요
여기저기 대통합, 한강 주변에도, 퇴근길에도, 환승역에도, 회 뜨는 주방장 근처에도
덴마크 프린트 공방에도

날아가 돌아오지 못하는 마음

이제 생각났어
그렇게라도 하지 않으면 살 수 없어서

벨기에 유약 화분에게 속삭여보지만

레몬버베나 옆에 토끼 도자기 있어요, 빗자루와 삽이 참신하고요, 여기는 수다의 빌리지,
　질 좋은 식재료와 유용한 리빙 제품을 갖고 싶은데,

난간이 위험합니다, 의도적인 기억상실

생존과 바닐라 시럽
땅콩 껍질을 뒤집어쓴 개미

둘이 앉아
둘이 손을 잡고 앉아 쪽지를 개발합니다

밤에서 아침으로, 그러니까 구체적으로
우리에게는 의자의 유혹이 있었지

정말 무서운 일은 잊게 된다

문어 젤리를 하나씩 깨물어 먹으면서

저주가 있을 거야
아니 시원할 거야
저주는 첫눈과 사라지나
재미는 팥을 먹을 때 생기고
믿음은 빗물과 사라지나

살그머니 살아가는 세계가 쨍해요
나는 너무 어려웠다

해리성 기억상실, 깊은 상처는 시대를 타지 않는데

납
가공, 금속류
은백색의 환영들

우리는 그때 모두 어려서
칼싸움을 했다
주먹을 휘둘렀다

머리를 벽에 찧게 했다

험악한 생각과
회의를 나누자
모두가 잘 들을 수 없겠지만

최선을 누리는 여기저기 대통합
인사, 환영, 확실, 두려움 없는 빛
코알라와 자동차

공통적인 것을 표시하면서
재채기를
여기저기
숨겨가면서
증강현실 방식으로, 삐뽀 삐뽀, 수없이 죽고, 수많은 내가 실패하고 나서야 살그머니 살아남은 도로 위의 화자가 말한다

저기, 토끼 도자기가 지나가요

가을이 오기 전

둘이 앉아
둘이 손을 잡고 앉아 후추를 개발합니다

터널을 지나 넝쿨 속을 지나 토끼 도자기 달린다, 가끔 세단뛰기 또는 렉

(현대문학 10월)

**이 지 아** 1976년 서울 출생. 2015년《쿨투라》신인상으로 등단. 시집 『오트 쿠튀르』 『이렇게나 뽀송해』 『아기 늑대와 걸어가기』 등이 있음. 박상륭상, 서라벌 문학상 신인상 수상. jayhera@hanmail.net

# 책을 펼치자 십자가들이 쏟아졌다

이 책의 바깥에서
네가 오길 기다렸다

으깨어진 꽃잎을 한 줌 가득 쥐고서

우리는
기록될 수 없는,
사랑에 불탔으므로

이 책의 문장은 번제보다 참혹하다

재처럼 흩날리리라
참회조차 사라진
고백이
검붉은 불티를 내 눈에 흩뿌렸으니

이 책의 바깥에서 엎드린 자
나뿐이다

두건을 쓴 양들이 통성기도를 올릴 때

시뻘건 십자가들이
몸 밖으로 쏟아졌다

            (상상인 하반기)

**이 토 록** 2016년 《중앙시조백일장》 월 장원, 2017년 《열린시학》으로 등단. 시조집으로 『흰 꽃, 메별』이 있음. 2017 백수문학 신인상, 2018 천강문학상 시조대상 수상. badcafe@naver.com

임성구

## 공명 동굴

한 방울의 물소리가 아주 큰 힘을 가졌네
귀청 찢어지도록 달팽이관에 닿는 여운
단단한 돌집 한 채가 무너져내릴 것만 같네

오리나무 잎잎들이 뱉어내는 푸른 바람
동굴로 쑥 들어와서 어둠을 밝혀주네
포로롱 날아든 새 한 마리, 목 축이며 나를 보네

맑아진 행간 속에 '또옥똑 으응' 물소리 공명
징검돌 놓듯 시詩를 놓아 징소리를 내고 있네
산과 산 도봉道峯들이 일제히, 내 갈 길을 밝혀주네

(개화 2022)

**임성구** 1994년 《현대시조》 신인상으로 등단. 시조집 『오랜 시간 골목에 서 있었다』 『살구나무죽비』 『앵통하다 봄』 『혈색이 돌아왔다』 『복사꽃 먹는 오후』 현대시조 100인 선집 『형아』가 있음. jaje9@hanmail.net

장재선

# 신안의 평안

- 환기 블루

갯벌에 물이 차오르자
노둣돌로 섬을 건널 수 없다며
순례를 안내하던 목사는
자기 교회로 서둘러 돌아갔다
홀로 남겨져 눈이 밝아졌을까
순례길 곳곳 사도의 집들이
노둣돌로 보였다
열두 개의 집을 지은 작가들은
어디까지 건너갔을까

신안 섬이 고향인 그도
파리에서, 뉴욕에서
집으로 오는 길을 내기 위해
어린 시절 바다의 빛을
캔버스에 옮겼을 것이다
세상을 알수록 무력한 얼굴이 되는 걸
너무나 잘 아는 그의 블루

하늘과 바다가 함께 만든 푸른빛이
남아 있는 날의 출렁거림을
잠시라도 그치게 할까.

(현대시학 3-4월)

**장재선** 시집 『기울지 않는 길』, 시·산문집 『시로 만난 별들』 등 출간. 한국가톨릭
문학상 등 수상. jeijei@munhwa.com

정용국

## 볼로냐 블루스

별들이 오글대던 천사표 유치원에
거침없이 날아든 무자비 포탄 몇 발
하늘도 어쩔 수 없는 비명 소리 솟았다

아기는 하늘 가고 남편은 전쟁터로
볼로냐 피난길엔 눈물도 메말랐네
열차는 이틀을 달려 국경선을 넘었다

허름한 가방 속엔 다정한 가족사진
컵라면 감싸 쥐고 돌아본 고향 하늘엔
휘영청 허리를 숙여 손 흔드는 호밀 밭

(좋은시조 가을)

**정용국** 2001년 계간《시조세계》로 등단. 시집으로 『동두천 아카펠라』 『난 네가 참 좋다』, 시선집 『눈이 묻고 온 시』, 등이 있음. 노산시조문학상 수상.
yong5801@daum.net

# 충족이유율 유감

이유 없이 내 심장— 바다 한가운데 혼자 떠도는 빨간 튜브
이유 없이 너를 기다렸다 철교 위에서, 약국 앞에서, 대전차 밑에서
이유 없이 많은 이를 남몰래 미워했다
        바람이 내게 종이 나뭇잎을 날려 보낸다
이유 없는 열두 개의 길을 담은 여행 가방처럼, 진창 위에 신발

이유 없이 풍선처럼 날아가고 싶다 한 줄의 문장에 매달려
이유 없이 부자들은 돈을 벌고 기계들은 팔다리를 휘감으며 돌아가고
이유 없이 갓 구운 파이처럼 콘크리트 천장들이 부서지고
이유 없이 빨갛게 젖는 어린이날 솜사탕
이유 없는 슬픔이 시냇물처럼 졸졸 그들의 생을 따라갔다
        아이와 노인, 여자와 남자, 모든 색의 개와 고양이를

이유 없이 무無의 금 밖으로 나서지 않으려는 색칠 공부
이유 없이 맵시 있게 사라지고 싶어서
이유 없이 충분한 이유의 입속에서 다시 나는 태어났다

이유 없이 모든 곳에 너무 늦게 도착하는 이유들이
　　　모두 잠든 한밤의 정원에서 빛난다 야광장미가시처럼
이유 없이—

(문학과사회 봄)

**진은영** 2000년《문학과 사회》봄호로 등단. 시집으로『일곱 개의 단어로 된 사전』『우리는 매일매일』『훔쳐가는 노래』『나는 오래된 거리처럼 너를 사랑하고』 등이 있음.

# 여기서 말한 건 여기서

여기서, 끝인 거 알지?

그들은 틈만 나면 은밀한 족속을 형성한다

혀의 돌기를 현란하게 휘감아 이 바닥의 생존법을 터득하며 즐기는 편
흩어졌다 뜬금없이 뭉치는 그들은 각자의 발언대를 신뢰하는 분위기다
일정한 거리를 소신 있게 재고 그어가며 은근히 뒷면을 공략한다

그들은 자주 도로 위를 질주한다

한동안 배설하지 못한 입담을 열렬히 쏟아낸다
틈틈이 제조한 비밀은 밀착력이 강해선지 조금만 머리를 맞대면 재편집도 가능하다

방향을 바꾸면 새로운 얼굴이 된다

불쑥 튀어나온 사생활에 더욱 몰입하다보면 더더욱 친밀도가 상승한다

 우리는 소리 없이 뭉치고 기약도 없이 흩어지며 결말도 없이

 아주 오랜만에 만난 사람처럼
 금방 또 볼 것처럼

 여기서 말 한 건 여기서 끝인 거, 알지?

(시산맥 여름)

---

**천융희** 2011년 《시사사》로 등단. 시집 『스윙바이』, 디카시집 『파노라마』가 있음. 유등작품상, 이병주경남문인상 수상. 현재 《시와경계》 및 《디카시》 부주간. 1000sa5691@hanmail.net

최동호

# 경이로운 빛의 인간

석가의 위대한 깨달음은 말씀을 기록한
경전에서 나온 것이 아니다.
윤회의 사슬을 벗기고 벗겨 마침내
생명의 씨가 태초의 우주에 발효시켰던

궁극의 빛을 감지한 석가는
불멸의 자아에 이르는 법을 깨달은 것이다.
빛이었고 어둠이었고 광휘였던
생명이 빛이 머무는 순간에도 인간은

덧없는 육신을 지닌 존재에 불과하다.
그러나 거듭 죽었다가 태어난
석가가 감득한 궁극의 빛은 육신은 물론
경전에도 기록될 수 없는 찰나이자 영원이다.

천년 세월의 풍상에 그 말씀을 전한 경전도
때로 쓸모없는 폐지가 되지만 석가는
모든 인간이 경이로운 빛의 존재라는

불멸의 법을 설파한 최초의 구도자이다.

(문학수첩 봄)

**최동호** 1979년 《중앙일보》 신춘문예에 당선하고 《현대문학》 추천을 통해 문단 활동 시작. 시집으로 『황사바람』 『아침책상』 『딱따구리는 어디에 숨어 있는가』 『공놀이하는 달마』 『불꽃 비단벌레』 『얼음 얼굴』 등이 있음. 현대불교문학상, 고산윤선도 현대시 대상, 박두진문학상 등 수상. cdhchoi@hanmail.net

허연

# 시는 검고 애인은 웃는다

용서는 해뜨기 전에 하는 거라지만
이불에서 나오 듯
아파트를 나왔다

견인선이 필요하다
강의 싸늘함을 보다가
가슴을 치며 2월에 대해 쓰거나

무개화차가 필요하다
무인역사에서
이상한 용기를 내서
헤어져야 할지도 모른다

불현듯
애인은 애인이 아닌 것 같다
사랑도 사랑이 아닌 것 같다
뼈 속으로 길을 내는 일인 것 같다

청하는 것보다 서로 많이 주었지만
우리는 적다
얼굴이 안 보이고
심장이 안 느껴지고
단지 시를 낳을 것이다

지난 겨울은
멀리서 온 나쁜소문처럼
아무 확신이 없었고
가엾게도
셀수없이 희안한 것들을 만들고
그것들은 언제나 초안이었다

애인은
혼자가 되어서 성숙해지는 것이 아니라
다시 혼자가 될때 성숙해지는 거라고 말했다

나는

회청색 새들이
수세기동안 그래왔듯이 그날의 근심을 퍼뜨릴 것이다

시는 검고
애인은 웃고
우리는 달성될 것이다

어떤 날씨와 어떤 날씨의
교체에 관한 이야기다

(문학동네 봄)

**허 연** 1991년《현대시세계》신인상으로 등단. 시집 『불온한 검은 피』 『나쁜 소년이 서 있다』 『당신은 언제 노래가 되지』 『오십미터』 등이 있음. 현대문학상, 한국출판학술상 등 수상. kebir@naver.com

## 독주

먼 나라의 방언이 울창하여 접혀 있던 맑은 귀들이 목련처럼 피어난다 여기쯤이라고 누군가 속삭이는데 완성되지 않은 하늘이 폭발한다

파지처럼 눈발이 날린다
미완의 골짜기부터 차곡차곡 쌓이는 순백의 기억을 따라간다
쪼그리고 앉아 불을 피우던 갈라지고 터진 손, 무게가 사라진 네가 꿈의 문고리를 따고 낯선 별의 층계를 밟고 올라간다

하늘이 문을 닫는다
눈먼 새들이 떨어져 있는 어두운 거리에서 말이 채찍을 맞아 비틀거린다 미친 사내가 말을 부둥켜안고 울다가 저녁이 되고, 남은 빛은 북쪽의 골짜기에서 어둠을 쪼며 희미하게 깜박거린다

얼음처럼 갈라지는 얼굴에
잔금 무성한 실뿌리들
살아야지
죽음보다 더 시퍼렇게

죽음보다 더 단호하게

힘주어 견디고 있던 검은 돌이 터지고 심장이 퍼덕거린다
손끝에 남아 발언하는 빛의 온기들

꽃의 방향이 지워지고 낯선 나라의 골목에서 죽은 여자가 걸어 나온다
수치와 모멸의 자갈밭을 지나서
검은 머리칼이 불붙어 타오르는 백 년 후의 거리를 지나서

(문학사상 9월)

**홍일표** 1992년 《경향신문》 신춘문예로 등단. 시집 『매혹의 지도』 『밀서』 『나는 노래를 가지러 왔다』 『중세를 적다』 『조금 전의 심장』 등이 있음. phyo58@hanmail

# 2023
### '작가'가 선정한
# 오늘의 시

「숨」 시평_허희
## 고단한 생활과 윤리적 서정

박소란 시인 인터뷰_최지은
## '나'라는 오롯한 혼자,
## 그로써 견딜 수 있는 마음

# 시평

# 고단한 생활과 윤리적 서정

– 박소란, 「숨」에 대하여

허희(문학평론가)

문학 월평은 최근에 출간된 작품을 다루는 코너이다. 나름의 기준으로는 3개월 전 발간된 문학까지를 제한선으로 설정해두었다. 이번에는 그 선을 넘었다. 무려 작년 여름 발표된 한 편의 시를 살펴볼 작정이다. 그렇게 된 사정이 있다. 첫째, 이 시가 올해 쿨투라 어워즈 '오늘의 시' 수상작이라는 것. 둘째, 갈수록 부박해지는 시대에 이 시가 그에 대한 일정한 해독 작용을 해줄 수 있으리라 여겨서다. 무슨 작품인가 하면 박소란 시인의 「숨」이라는 시이다. 고백하자면 나는 박소란 시에 대한 글을 몇 편 쓴 적이 있다. 첫 번째 시집 『심장에 가까운 말』(2015), 두 번째 시집 『한 사람의 닫힌 문』

(2019), 세 번째 시집 『있다』(2021)를 읽어오는 동안, 오랜 독자의 자격으로 나는 그녀의 작품을 평했다. 박소란 시의 낭만성은 낭만주의의 기율 "시는 윤리적으로 되어야 하고 모든 윤리는 시적으로 되어야 한다."(프리드리히 슐레겔)를 있는 그대로 수행한다는 것이 핵심적인 주장이었다.

  기왕의 논지를 완전히 피할 수는 없겠지만, 이번 문학 월평에서는 「숨」 한 편만을 조명하는 만큼 조금 다른 접근법을 취하고 싶다. 박소란 시를 이야기하려면 먼저 시인에 대해 언급해야 한다. 그녀의 시는 그녀라는 사람과 긴밀하게 공명하기 때문이다. 당연한 소리 아니겠냐고 누군가는 반문하겠지. 그러나 시의 아우라와 시인의 됨됨이가 일치하는 경우가 의외로 많지는 않다. 독자에게 위로를 전하는 따뜻한 시를 썼다고 해서, 그 시를 쓴 시인의 실제 언행이 따뜻하리라고 예상해서는 곤란하다. 박소란은 시와 시인이 일치하는 드문 사례다. 한 문예지의 편집위원으로 같이 활동하는 동안 결론 내린 바다. 그녀는 섬세하게 생각하되 차갑지 않고, 상대를 존중하되 비굴하지 않다.

이는 정확하게 박소란 시와 조응한다. 문체가 글의 스타일에 국한되지 않고, 쓰는 자의 몸이자 세계에 대한 태도라는 점에서, 그녀의 시는 곧 그녀가 세상을 사는 방식을 보여준다. 세계의 물적 토대를 부동산 혹은 주식 투자의 관점으로만 판단하거나, 세계의 운영 원리를 현실 정치의 음험한 계략으로만 간주하는 이들은 감히 상상할 수 없을 것이다. 박소란은 세계에 발 딛고 살면서 아니 세계를 버텨내면서도, 결코 내던져서는 안 되는 인생의 본질적인 가치가 있음을 시로 쓴다. 그녀는 생존을 경시하지 않지만 생존이 곧 삶과 등치되어서는 안 된다고 여긴다. 그러한 입장에 바탕을 두고 박소란은 「숨」을 썼다. 추천위원들이 이 작품을 올해 쿨투라 어워즈 시 부문 수상작 '오늘의 시'로 뽑은 이유가 전부 같지는 않겠으나, 한 가지 공통점은 있을 것이다.

그것은 이 작품이 고단한 생활의 층위와 윤리적 서정의 거리를 밀착시켰다는 사실과 결부된다. 이 시의 제목인 '숨'은 살아 있음의 증표이다. 평소 숨의 흐름은 눈에 보이지 않는다. 역설적으로 모든 생명이 움츠러드는 겨울에만 숨의 흐름이 입김으로 포착된다. 그리하여 이 시는 "겨울의 한 모퉁이에 서 있는 것이다"로 시작한다. 하지만 겨울을 반드시 계절적 배경으로 한정 지을 필요는 없다. 겨울은 우리가 살아가면서 맞닥뜨리는 엄혹한 고난을 상징하니까. 시련이 금세 지나갈 리 없다. 그러므로 언젠가 도래하리라

믿는, 지금보다 나아진 미래를 "어쨌든 기다리는 것이다". "남몰래 주먹을 쥐고 가슴을 땅땅 때리며" 애타게, "시도 쓰고 일도 하며 (……) 병원도 다니고 (……) 과장된 웃음을 짓기도 하는" 범상한 하루를 보내면서 말이다.

 그렇지만 『고도를 기다리며』(사무엘 베케트)가 예증하듯이 기다림의 종결은 늘 유예되기 마련이다. 기다림의 주체는 미신인 줄 알면서도 거기에 괜한 기대를 걸어보고 싶은 심정을 품는다. 또한 길거리에서 전단을 나눠주는 "알바"도 '나'처럼 무언가를 기다리는 존재임을 알기에 광고지를 함부로 버리지 못하는 것이다. 여기까지가 고단한 생활의 층위를 보여준다면, 이후부터는 박소란 시 특유의 윤리적 서정이 전개된다. '나'는 "마스크 위로 터지듯 새어 나오는 입김", 그러니까 살아가는 일이 버거워 한숨을 쉴 수밖에 없는 생의 자취를 "가만히 바라보는 것이다". 속된 세상에 있기에는 "지나치게 희고 따뜻한 것", 부풀고 수그러지며 "다시 속살거리는 것", '나'의 눈에 숨이라는 살아 있음의 증표는 그렇게 보인다. 동시에 이것은 각각의 이야기로 화하여 "곁을 맴도는 것이다".

 이처럼 박소란 시는 개별적인 숨에서 공동의 삶을, 공동의 삶에서 고유한 서사를 발견한다. 세상살이를 쉽게 하려면 세계의 중심을 차지하면 된다고 설파하는 자들에게 이 시가 주목하는 광경은 부차적이고 쓸데없는 것에 지나지 않을지도 모른다. 윤리적 서정을 견지하는 이는 다르다. 내면과 연동하는 풍경이 일깨우는 감각을 그는 다음과 같이 발화한다. "아 신기해라, 조용히 발음해보는 것이다". 고단한 생활의 층위만 그려내거나 윤리적 서정만 강조하는 시들 속에서, 박소란은 양자를 횡단해야만 다다를 수 있는 새로운 차원의 시가 있음을 「숨」으로 증명해낸다. 이렇게 보면 "시는 윤리적으로 되어야 하고 모든 윤리는 시적으로 되어야 한다."라는 낭만주의의 명제가 어떻게 박소란 시에 적용되는지 명확히 확인할 수 있다.

더불어 이 시에서 되풀이되는 "~것이다"라는 종결어미도 흥미롭다. 화법이 곧 메시지를 담고 있기 때문인데, 화자의 전망과 소신이 "~것이다"를 통해 반복적으로 제시된다. 바꿔 말하면 갈망하는 대상이 올 것이 확실해서 기다리는 게 아니라는 뜻이다. 충실한 기다림의 주체는 확률을 따져 유리한 편에 서는 선택을 하지 않는다. 그는 자신이 할 수 있는 유일한 자세 "기다리는 것이다"를 관철한다. 이해타산을 제일로 꼽는 세태와 불화할 수밖에 없는 인생관이다. 이와 같은 불화는 나쁘지 않다. 조화가 항상 아름다운 것일 수 없는 한에서 그러하다. 갈수록 부박해지는 시대에 무리 없이 적응하였다는 의미는 이미 심각한 중독 상태에 이르렀음을 가리킨다. 해독은 이에 대한 위화감을 느낌으로써 가능해진다. 그 역할을 박소란 시가 감당한다. 모두가 다가올 수 있도록 난해의 장막을 거둔 언어로 심층적인 삶의 실감을 구현함으로써.

**허 희**  대학과 대학원에서 문학을 공부했다. 2012년 문학평론가로 활동을 시작해 글 쓰고 이와 관련한 말을 하며 살고 있다. 2019년 비평집 『시차의 영도』를 냈다.
samdoli11@naver.com

2023 오늘의 시 수상자 「숨」의

박소란 시인

2009년 《문학수첩》으로 작품활동 시작. 시집 「심장에 가까운 말」, 「한 사람의 닫힌 문」, 「있다」가 있다. 신동엽문학상, 내일의한국작가상, 노작문학상, 덩이돌문학작품상을 수상했다.

**인터뷰**

# '나'라는 오롯한 혼자, 그로써 견딜 수 있는 마음

– 「숨」의 박소란 시인

인터뷰어_최지은(시인)

밤의 골목을 거니는 사람을 안다. 한낮의 온기가 식은 골목, 건물의 빽빽한 창문 사이 드문드문 불 켜진 창, 창 너머 흔들리는 실루엣, 문 닫힌 상가의 낮은 조도. 희미하고 부드러운 빛 속을 거니는 사람이다. 이토록 고요한 방식으로 세계를 바라보고, 생각하고, 사랑하는 사람. 바로 박소란 시인의 이야기다.

   종종 그의 시는 그가 밤의 골목을 걷는 방식과 닮아 있다는 생각이 든다. 훤히 다 아는 것처럼 들여다보지 않고, 적절한 거리를 두고, 조용히 한 걸음씩 나아가는 시. 읽다보면 어느새 같이 걷고 있

는 것 같아 한 걸음 나아간 것만 같은 시. 함께 걷는 마음으로, 박소란 시인의 수상소감과 함께 그의 근황을 서면으로 나누어보았다.

**최지은**  기쁜 수상 소식과 함께 새해를 열게 되었는데요. 2023 쿨투라 어워즈 '오늘의 시' 부문에 박소란 시인의 「숨」이 선정되었습니다. 소식을 듣고 주인공인 소란 시인님보다 제가 더 기뻐했던 것 같은데요. 다시 한번 축하드립니다. 수상소감 먼저 여쭐게요.

**결국은 자기 자신, 그 오롯한 혼자에 대해……. 아무리 삶이 척박해도 결국은 나라는 혼자가 있으니까 그로써 견딜 수 있다 하는 마음이랄까요. 세상에는 대단한 것이 수두룩하지만, 그럼에도 가장 귀하고 신비한 것은 지금 이 순간 살아 있는 '나' 자신일테지요. 이토록 당연한 사실이 불현듯 또렷이 확인되는 때가 있고, 그때를 기적처럼 간직하는 것으로 우리는 또 살아갈 수 있다고 생각해요.**

**박소란** 쑥스럽네요. 한 편의 시가 받기에는 지나친 격찬 같기도 합니다. 제가 이토록 쑥쓰러워하고 겸연쩍어하는 동안 제 자신보다 더 기뻐해주시는 지은 시인님 같은 동료가 있기에 이런 순간이 어떤 의미로 남는 것 같아요. 그 따뜻한 마음, 마음들을 확인하는 것으로 앞으로 또 한동안 쓰는 일에 힘을 낼 수 있을 테죠. 정말 고맙습니다.

**최지은** 겨우내 어떻게 지내셨는지 근황도 여쭙고 싶어요. 산책을 즐기시는 것으로 아는데 폭설과 한파를 어떻게 지나오셨을지도 궁금하고요. 또 출간 준비로 많이 바쁘셨던 걸로 알고 있어요.

**박소란** 요사이는 잘 걷지 못했어요. 주로는 저녁을 먹고 나서 동네 골목이나 천변을 산책하곤 하는데, 한겨울로 접어든 후부터는 춥다는 핑계로 좀 게을렀어요. 때문에 지은 시

**시린 발을 구르며, 버스를 기다리며, 버스가 아닌 다른 무엇이라도 기다리며 서 있는 화자를 떠올리다가 이내 아주 멀리까지 나아가는 기분이 들었어요. 허공에 피어나듯 하얀 숨이 터지고, 박동하듯 숨이 부풀고, 그길로 아주 멀리 번져가는 숨을 그리게 되더라고요. '숨'이라고 말할 때 숨의 이동이랄까요. 숨결의 닿음까지도 느껴졌고요.**

인님과 저, 우리가 아끼는 홍제천 오리들과도 조금 소원해진 것 같습니다. 오늘은 한번 나가봐야겠어요. 알고 계시다시피 최근 새 책을 준비하느라 분주하기도 했어요. 김명순의 에세이를 엮은 『사랑은 무한대이외다』라는 책이죠. 김명순의 글을 좋아해서 언제고 이 작가의 작품을 정식으로 소개하고 싶은 마음을 가지고 있었는데, 출판사 대표인 오랜 친구의 제안으로 책이 되어 나오게 되었네요. 부족한 역량으로 어려운 글들을 손질해 묶으면서 배운 점도 많았는데요. 산문이라지만 실은 시에 가까운 이 글들을 수차례 반복해서 읽는 동안 좋은 글에 대해, 백 년이 지나도 여전히 살아 읽히는 글의 진면에 대해 어렴풋이 감각할 수 있었던 것 같아요. 이 지면에서 길게 이야기할 수는 없을 테지만, 저의 서툰 시도나마 김명순이라는 이름을 소중히 기억하는 데 조금 보탬이 되면 좋겠어요.

**최지은** 수상작 「숨」에 대해서 이야기 이어가고 싶은데요. "겨울의 한 모퉁이에 서 있는 것"으로부터 시작하는 시예요. 시린 발을 구르며, 버스를 기다리며, 버스가 아닌 다른 무엇이라도 기다리며 서 있는 화자를 떠올리다가 이내 아주 멀리까지 나아가는 기분이 들었어요. 허공에 피어나듯 하얀 숨이 터지고, 박동하듯 숨이 부풀고, 그길로 아주 멀리 번져가는 숨을 그리게 되더라고요. '숨'이라고 말할 때 숨의 이동이랄까요. 숨결의 닿음까지도 느껴졌고요. 한낱 한 호흡의 숨이라는 의미의 차원에서 벗어나 존재의 숨결을 느끼게 하는 것, '아, 이것이 시였지' 혼자 생각해 보기도 하였는데요. 이 시를 쓰게 된 배경 두루 듣고 싶어요.

**박소란** 김명순의 소설 「나는 사랑한다」에 이런 대사가 나와요. "사람은 언제든지 자기를 믿고 사는 것입니다. 외롭고 갈 데 없는 사람일수록 자유를 구하는 마음은 더욱 커지는 것입니다." 자꾸 김명순 이야기를 해서 그렇습니다만(웃음), 되짚어 보면 이와 비슷한 마음으로 쓴 시가 아닌가 싶어요. 결국은 자기 자신, 그 오롯한 혼자에 대해……. 아무리 삶이 척박해도 결국은 나라는 혼자가 있으니까 그로써 견딜 수 있다 하는 마음이랄까요. 세상에는 대단한 것이 수두룩하지만, 그럼에도 가장 귀하고 신비한 것은 지금 이 순간 살아 있는 '나' 자신일테지요. 이토록 당연한 사실이 불현듯 또렷이 확인되는 때가 있고, 그때를 기적처럼 간직하는 것으로 우리는 또 살아갈 수 있다고 생각해요. 거창하다면 거창한 이런 마음을 되도록 작게, 소박하게, 가장 일상적인 언어로 이야기해보고 싶었던 것 같습니다.

**최지은** 시에서 말하는 기다림은 특정할 수 없는 것이지만, 소란 시인님의 생활의 영역으로 넘어와 질문 드릴게요. 요즘 시인께 '기다리는 것, 버릴 수 없는 것, 고요한 밤 찾아드는 귓속말' 같은 것들은 어떤 것이 있을까 궁금해져요. 혹시 이 모든 답은 역시 '시'가 될까요?(웃음)

**박소란** 답은 역시 '시'가 맞다고, 꼭 그렇게 대답해야 할 것만 같군요(웃음). 네, 맞는 말씀이죠. 시는 누가 뭐래도 소중한 존재이니까. 그러니까 가급적 오래 시 곁에 머물고 싶죠. 오래 시인으로 살고 싶어요. 그렇지만 이런 일이 제 의지만으로 가능한 것일까. 이런 모진 기대와 욕망이 도리어 시 쓰는 저를 자유롭지 못하게 만드는 것은 아닐까. 뭐 이런저런 생각들이 들더라고요. 그래서 언젠가부터는 생각을 바꿨어요. 절대 그만둘 수 없다가 아니라 언제든 그만둘 수 있다고. 시를 떠날 수 있다, 시인을 버릴 수 있다고……. 하다 하다 안 되면 그렇게 해야죠. 세상에 절대적인 것은 없으니까. 시가 저를 원하지 않을 때, 시가 저를 견딜 수 없이 상처 입힐 때는 억지 부리지 않고 돌아서겠어요. 그렇지만 하는 데까지는 해볼 거예요. 최선을 다해볼 거예요. 때가 되면 미련 없이 돌아설 수 있도록. 하지만 부디 이런 상상은 먼 훗날의 일이기를. 지금은 시 아닌 다른 존재를 도무지 생각할 수 없고, 그만큼 시를 좋아하고 있어요.

**최지은** 첫 번째 시집 『심장에 가까운 말』(창비)이 2015년에 발행되었고, 2019년에 『한 사람의 닫힌 문』(창비)을 지나, 가장 최근작 『있다』(현대문학, 2021)까지 총 3권의 시집을 출간하셨어요. 세 권의 시집을 아껴 읽어 온 독자로서, 박소란 시인의 화자들은 자신이 발 딛고 있는 곳을 정확하게 들여다보는 사람이라는 생각이 들었어요. 자신의 두 발이 어디에 있는지 정확히 아는 사람이 아니라, 모르기 때문에 들여다보는 사람이요. 그건 마치 슬픔이 무언지 모르지만, 슬픔의 정체를 단정하지 않고 다만, 가슴 깊이 슬픔을 느낄 수 있는 사람 같아서 신뢰가 가고, 애정을 품게 되더라고요. 시인께서는 이 화자들에 대해 어떻게 생각하실까요.

**박소란** 한 사람의 부재에 대해 오래 생각해왔어요. 그 빈자리에

남아 계속해서 살아가는 일에 대해. 그런 결핍이 묶여 저도 모르는 사이 슬픔이라는 감정으로 자꾸만 환원되는 게 아닐까. 그러므로 저의 슬픔은 떠난 존재를 기억하는 일, 결코 잊지 않는 일, 그런 의지와 가깝다고 봐주시면 좋을 것 같습니다. 물론 그 슬픔의 화자들은 대개 자기감정을 제대로 표현하는 일에 서툰 것 같아요. 누군가는 슬퍼서 웃고, 또 누군가는 기뻐서 울잖아요. 우는 줄 알았으나 웃는, 웃는 줄 알았으나 우는 순간도 만나게 되고요. 제 시의 화자들이 대체로 그런 사람들이 아닐까 싶어요. 울어야 할 순간에 웃거나, 웃어야 할 순간에 괜히 슬퍼지는 얼굴. 이게 뭘까? 지금 이 기분 뭐지? 어리둥절해하면서 자꾸만 되살피게 되는 거죠. 어쩌면 제가 그런 사람인지도 모르겠어요.

**최지은** 첫 시집의 시인의 말에 낡은 스웨터 이야기를 적어두셨어요. 누군가는 수군거릴지 모르고 스스로도 이따금 초라함을 느낄지 모르나 더없이 따뜻한 스웨터, 그걸 한 번 더 여미는 사람을 떠올리며 시집을 덮을 수 있었는데요. 두 번째 시집 시인의 말에서는 문을 열면 거기 누군가 있다고, 보이지 않는 것을 믿고, 보이지 않는 사람을 더 깊이 사랑하는 사람이 있었고요. 마침내 세 번째 시집에서는 "있다"는 '기적'을 상기하게 되었어요. 다음 시집에서

|          | 는 얼마나 더 용기 있게 나아갈까 기다려져요. 이 변화들이 더 따뜻하고 단단해지는 한 사람의 마음 같이 느껴지기도 해요.
| -------- | ---- |
| **박소란** | 삶의 이야기? 막연한 말이지만, '그럼에도 불구하고' 살아가는 이야기를 하고 싶어요. 너무 오랫동안 죽음의 기미 같은 것에 사로잡혀 있었다는 생각이 들고, 그런 저의 과거를 이제는 좀 건너보고 싶거든요. 그렇지만 잘 될 것 같지가 않아요. 좀처럼 단단해질 것 같지가 않습니다. 늘 그래왔듯 허둥지둥, 아등바등하겠죠. 이런 식의 엉성한 몸짓이 조금씩 숙성되어 기어코 하나의 춤이 될 수 있다면 더 바랄 나위가 없을 테지요. |
| **최지은** | 마지막 질문을 드릴 시간인데요. 앞으로 시인의 계획을 듣고 싶어요. 시인으로서 꼭 하고 싶은 것과 또 꼭 해야 할 일이라고 생각하는 것. 벌써 응원하고 싶은 마음으로 여쭙습니다. |
| **박소란** | 꼭 하고 싶은 것과 또 꼭 해야 할 것, 이 둘은 결국 하나인 것도 같아요. 좋은 시를 쓰는 거죠 뭐(웃음). 제가 생각하는 좋은 시란, 이에 대해서라면 물론 그때그때 여러 생각이 교차하는 게 사실이지만, 제 안으로 깊숙이, 깊숙이 침잠하는 동시에 지금–여기 세계에 대한 실물감을 잃지 않는 시예요. 내면과 외면이 서로 다투고 서로 사랑하면 |

서 나름의 팽팽한 균형을 이루는 시. 그런 시를 향해 한 걸음씩 한 걸음씩 나아가보겠습니다. 지은 시인님의 응원을 기대할게요(웃음). 감사합니다.

**최지은** 2017년 《창작과비평》으로 작품활동 시작. 시집 『봄밤이 끝나가요, 때마침 시는 너무 짧고요』가 있다. choi_ce-@naver.com

# 【 '작가'가 선정한 오늘의 시 】 시리즈

**2002** '작가'가 선정한 오늘의 시&시조 _ 고두현 「귀로」 外
기획위원 / 이우걸 장경렬 이경철 유성호 홍용희 김춘식  신국판 / 값 7,000원

**2003** '작가'가 선정한 오늘의 시 _ 신경림 「낙타」 外
기획위원 / 이지엽 맹문재 오형엽  신국판 / 값 8,000원

**2004** '작가'가 선정한 오늘의 시 _ 문태준 「맨발」 外
기획위원 / 문혜원 맹문재 유성호  신국판 / 값 8,000원

**2005** '작가'가 선정한 오늘의 시 _ 문태준 「가재미」 外
기획위원 / 문혜원 맹문재 유성호  신국판 / 값 8,000원

**2006** '작가'가 선정한 오늘의 시 _ 송찬호 「만년필」 外
기획위원 / 유성호 박수연 김수이  신국판 / 값 9,500원

**2007** '작가'가 선정한 오늘의 시 _ 김신용 「도장골 시편―넝쿨의 힘」 外
기획위원 / 유성호 박수연 김수이  신국판 / 값 10,000원

**2008** '작가'가 선정한 오늘의 시 _ 김경주 「무릎의 문양」 外
기획위원 / 이형권 유성호 오형엽  신국판 / 값 10,000원

**2009** '작가'가 선정한 오늘의 시 _ 송재학 「늪의 內簡體를 얻다」 外
기획위원 / 이형권 유성호 오형엽  신국판 / 값 10,000원

**2010** '작가'가 선정한 오늘의 시 _ 진은영 「오래된 이야기」 外
기획위원 / 유성호 홍용희 이경수  신국판 / 값 10,000원

**2011** '작가'가 선정한 오늘의 시 _ 심보선 「나라는 말」 外
기획위원 / 유성호 홍용희 함돈균  신국판 / 값 12,000원

**2012** '작가'가 선정한 오늘의 시 _ 안도현 「일기」 外
기획위원 / 유성호 홍용희 함돈균  신국판 / 값 12,000원

2013 '작가'가 선정한 오늘의 시 _ 공광규 「담장을 허물다」 外
기획위원 / 유성호 홍용희 함돈균   신국판 / 값 12,000원

2014 '작가'가 선정한 오늘의 시 _ 이원 「애플 스토어」 外
기획위원 / 유성호 홍용희 함돈균   신국판 / 값 12,000원

2015 '작가'가 선정한 오늘의 시 _ 유홍준 「유골」 外
기획위원 / 유성호 홍용희 함돈균   신국판 / 값 14,000원

2016 '작가'가 선정한 오늘의 시 _ 박형준 「칠백만원」 外
기획위원 / 유성호 홍용희 함돈균   신국판 / 값 14,000원

2017 '작가'가 선정한 오늘의 시 _ 나희덕 「종이감옥」 外
기획위원 / 유성호 홍용희 나민애   신국판 / 값 14,000원

2018 '작가'가 선정한 오늘의 시 _ 신철규 「심장보다 높이」 外
기획위원 / 유성호 홍용희 함돈균   신국판 / 값 14,000원

2019 '작가'가 선정한 오늘의 시 _ 유계영 「미래는 공처럼」 外
기획위원 / 유성호 홍용희 나민애 전철희   신국판 / 값 14,000원

2020 '작가'가 선정한 오늘의 시 _ 안희연 「스페어」 外
기획위원 / 유성호 홍용희 함돈균   신국판 / 값 15,000원

2021 '작가'가 선정한 오늘의 시 _ 허연 「가여운 거리」
기획위원 / 유성호 홍용희 함돈균

2022 '작가'가 선정한 오늘의 시 _ 김민정 「반투명」
기획위원 / 유성호 홍용희 함돈균

2023 '작가'가 선정한 오늘의 시 _ 박소란 「숨」 外
기획위원 / 유성호 홍용희 허희   신국판 / 값 15,000원

# 【 '작가'가 선정한 오늘의 소설 】시리즈

## 2004 '작가'가 선정한 오늘의 소설 _ 정지아 外
기획위원 / 문흥술 방민호 백지연  신국판 / 값 9,500원

이윤기_알타이아의 장작개비 / 김남일_사북장 여관 / 정지아_행복 / 공선옥_영희는 언제 우는가 / 한창훈_바위 끝 새 단편 / 김연수_쉽게 끝나지 않을 것 같은, 농담 / 오수연_달이 온다 / 정미경_달은 스스로 빛나지 않는다

## 2005 '작가'가 선정한 오늘의 소설 _ 박민규 外
기획위원 / 문흥술 방민호 백지연  신국판 / 값 9,500원

박민규_그렇습니까? 기린입니다 / 김연수_부녕쒀(不能說) / 김재영_코끼리 / 박범신_감자꽃 필 때 / 이현수_집사의 사랑 / 전성태_사형(私刑) / 정미경_무화과 나무 아래 / 정이현_위험한 독신녀

## 2006 '작가'가 선정한 오늘의 소설 _ 공선옥 外
기획위원 / 박철화 방민호 정혜경  신국판 / 값 9,500원

공선옥_명랑한 밤길 / 김경욱_맥도널드 사수 대작전 / 김애란_베타별이 자오선을 지나갈 때, 내게 / 김종광_낭만 삼겹살 / 김중혁_에스키모, 여기가 끝이야 / 이기호_수인 / 전성태_강을 건너는 사람들 / 정이현_그 남자의 리허설 / 정지아_소멸 / 한창훈_나는 여기가 좋다

## 2007 '작가'가 선정한 오늘의 소설 _ 박완서 外
기획위원 / 박철화 방민호 정혜경  신국판 / 값 10,000원

박완서_친절한 복희씨 / 전성태_목란식당 / 정미경_내 아들의 연인 / 천운영_후에 / 박민규_굿바이, 제플린 / 김애란_성탄특선

## 2008 '작가'가 선정한 오늘의 소설 _ 윤이형 外
기획위원 / 류보선 방민호 김미정  신국판 / 값 10,000원

윤이형_큰 늑대 파랑 / 권여선_당신은 손에 잡힐 듯 / 김경욱_혁명 기념일 / 김연수_모두에게 복된 새해 / 김이은_지진의 시대 / 박민규_크로만, 운 / 성석제_여행 / 정미경_너를 사랑해 / 황정은_곡도와 살고 있다

## 2009 '작가'가 선정한 오늘의 소설 _ 김연수 外
기획위원 / 류보선 방민호 소영현  신국판 / 값 10,000원

김연수_케이케이의 이름을 불러봤어 / 김애란_큐티클 / 김태용_쓸개 / 박민규_龍龍龍龍 / 윤이형_스카이워커 / 이장욱_고백의 제왕 / 최인석_스페인 난민수용소 / 한유주_재의 수요일

**2010** '작가'가 선정한 **오늘의 소설** _ 이장욱 外

기획위원 / 방민호 이재복 조연정   신국판 / 값 10,000원

이장욱_변희봉 / 김   숨_간과 쓸개 / 김애란_벌레들 / 김중혁_유리의 도시 / 배수아_무종 / 신경숙_세상 끝의 신발 / 편혜영_통조림공장

**2011** '작가'가 선정한 **오늘의 소설** _ 박형서 外

기획위원 / 방민호 이재복 이경재   신국판 / 값 12,000원

박형서_자정의 픽션 / 공선옥_설운 사나이 / 구병모_학문의 힘 / 권여선_팔도 기획 / 김서령_어디로 갈까요 / 손홍규_마르께스주의자의 사전 / 임철우_월녀 / 전성태_망향의 집 / 편혜영_서쪽으로 4센티미터

**2012** '작가'가 선정한 **오늘의 소설** _ 박형서 外

기획위원 / 방민호 이재복 이경재   신국판 / 값 12,000원

박형서_아르판 / 편혜영_개들의 예감 / 김사과_더 나쁜 쪽으로 / 박민규_로드 킬 / 윤후명_오감도로 가는 길 / 조  현_은하수를 건너 / 김경욱_인생은 아름다워 / 정미경_파견근무

**2013** '작가'가 선정한 **오늘의 소설** _ 김애란 「하루의 축」

기획위원 / 방민호 이재복 이경재

**2020** '작가'가 선정한 **오늘의 소설** _ 조해진 外

기획위원 / 방민호 김민정 허희   신국판 / 값 15,000원

조해진_완벽한 생애 / 강화길_음복 / 김애란_숲속 작은 집 / 김종광_성님들 / 장강명_한강의 인어와 청어들 / 장류진_연수 / 최은영_아주 희미한 빛으로도

**2021** '작가'가 선정한 **오늘의 소설** _ 은희경 「장미의 이름은 장미」

기획위원 / 방민호 김민정 허희

**2022** '작가'가 선정한 **오늘의 소설** _ 김초엽 「방금 떠나온 세계」

기획위원 / 방민호 김민정 허희

# 【 '작가'가 선정한 오늘의 영화 】시리즈

**2006** '작가'가 선정한 **오늘의 영화** _ 이준익 감독 〈왕의남자〉 外
기획위원 / 강유정 김서영 강태규   신국판 / 값 9,500원

**2007** '작가'가 선정한 **오늘의 영화** _ 김태용 감독 〈가족의 탄생〉 外
기획위원 / 강유정 이상용 황진미   신국판 / 값 9,500원

**2008** '작가'가 선정한 **오늘의 영화** _ 이창동 감독 〈밀양〉 外
기획위원 / 유지나 강태규 설규주   신국판 / 값 10,000원

**2009** '작가'가 선정한 **오늘의 영화** _ 장훈 감독 〈영화는 영화다〉 外
기획위원 / 유지나 전찬일 강태규   신국판 / 값 10,000원

**2010** '작가'가 선정한 **오늘의 영화** _ 봉준호 감독 〈마더〉 外
기획위원 / 유지나 전찬일 강태규   신국판 / 값 10,000원

**2011** '작가'가 선정한 **오늘의 영화** _ 이창동 감독 〈시〉 外
기획위원 / 유지나 전찬일 강태규   신국판 / 값 12,000원

**2012** '작가'가 선정한 **오늘의 영화** _ 이한 감독 〈완득이〉 外
기획위원 / 유지나 전찬일 강태규   신국판 / 값 12,000원

**2013** '작가'가 선정한 **오늘의 영화** _ 윤종빈 감독 〈범죄와의 전쟁 : 나쁜 놈들 전성시대〉 外
기획위원 / 유지나 전찬일 강유정   신국판 / 값 12,000원

**2014** '작가'가 선정한 **오늘의 영화** _ 봉준호 감독 〈설국열차〉 外
기획위원 / 유지나 전찬일 강유정   신국판 / 값 12,000원

**2015** '작가'가 선정한 **오늘의 영화** _ 2015 김한민 감독 〈명량〉 外
기획위원 / 전찬일 홍용희 이재복 강태규 손정순   신국판 / 값 14,000원

2016 '작가'가 선정한 오늘의 영화_ 류승완 감독 〈베테랑〉 外
기획위원 / 유지나 전찬일 이재복 강태규 손정순  신국판 / 값 14,000원

2017 '작가'가 선정한 오늘의 영화_ 이준익 감독 〈동주〉 外
기획위원 / 유지나 전찬일 손정순  신국판 / 값 14,000원

2018 '작가'가 선정한 오늘의 영화_ 김현석 감독 〈아이 캔 스피크〉 外
기획위원 / 유지나 전찬일 손정순  신국판 / 값 14,000원

2019 '작가'가 선정한 오늘의 영화_ 이창동 감독 〈버닝〉 外
기획위원 / 유지나 전찬일 손정순  신국판 / 값 14,000원

2020 '작가'가 선정한 오늘의 영화_ 봉준호 감독 〈기생충〉 外
기획위원 / 유지나 전찬일 손정순  신국판 / 값 15,000원

2021 '작가'가 선정한 오늘의 영화_ 우민호 감독 〈남산의 부장들〉
기획위원 / 유지나 전찬일 손정순

2022 '작가'가 선정한 오늘의 영화_ 류승완 감독 〈모가디슈〉
기획위원 / 유지나 전찬일 손정순

2023 '작가'가 선정한 오늘의 영화_ 박찬욱 감독 〈헤어질 결심〉 外
기획위원 / 강유정 유지나 전찬일  신국판 / 값 15,000원

2023 '작가'가 선정한 오늘의 시

2023년 12월 20일 1판 1쇄 인쇄
2023년 12월 28일 1판 1쇄 발행

지은이 | 박소란 외
펴낸이 | 孫貞順
펴낸곳 | 도서출판 작가
　　　　서울 서대문구 북아현로6길 50 (03756)
　　　　전화 | 365-8111~2 팩스 | 365-8110
　　　　이메일 | cultura@cultura.co.kr
　　　　홈페이지 | www.cultura.co.kr
　　　　등록번호 | 제13-630호(2000. 2. 9.)

기획위원 | 유성호 홍용희 허희
편집 | 손희 설재원 박영민
디자인 | 박근영 오경은
영업·관리 | 이용승

ISBN 979-11-90566-74-2 (03810)

잘못된 책은 구입하신 서점에서 바꾸어 드립니다.
지은이와 협의하에 인지를 붙이지 않습니다.

값 15,000원